Mr Dujarry

4 & 5 Juillet 1783

Charriot

8°V 36

1939

NOTICE

DE TABLEAUX

ORIGINAUX

DES TROIS ÉCOLES,

ET AUTRES EFFETS CURIEUX;

Dont la Vente se fera le Vendredi 4 & Samedi 5 Juillet 1783, de relevée, Hôtel de Bullion, rue Plâtriere; & où on les verra le 4, depuis dix heures jusqu'à une heure.

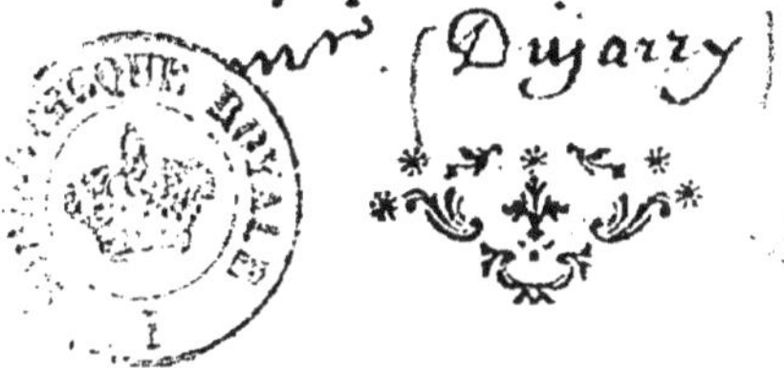

Elle se distribue A PARIS,

Chez Me CHARIOT, Huissier-Commissaire-Priseur, audit Hôtel de Bullion, rue Plâtriere.

M. DCC. LXXXIII.

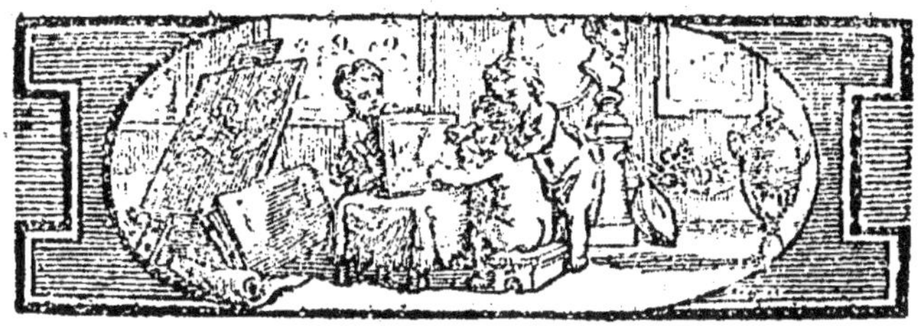

NOTICE

DE TABLEAUX

ORIGINAUX

DES TROIS ECOLES,

ET AUTRES CURIOSITÉS.

TABLEAUX.

ÉCOLE D'ITALIE.

Jacques Bassan.

N° 1 Moyse & Aaron conduisant le Peuple Juif à la terre promise ; grande & riche composition. Hauteur 4 pieds 4 pouces, largeur 7 pieds 6 pouces. Toile.

A ij

Sébast. del Piombo.

2 Un Paysage; sur le premier plan, on y voit un Religieux en prieres, & sur le second, un autre s'occupe de la lecture. Hauteur 3 pieds 3 pouces, largeur 2 pieds 4 pouc. Bois.

Pietre de Cortone, (d'après lui.)

3 La Rencontre de Laban & de Jacob avec plusieurs figures. Cette superbe Copie, faite sous les yeux du Cortone, devient précieuse, parce qu'elle fait bien connoître les beautés de l'original. Hauteur 6 pieds, largeur 5 pieds 5 pouces. T.

Guido Reni, (d'après lui.)

4 David tenant la tête de Goliath. Il est vêtu d'une peau de tigre, & est coëffé d'un chapeau avec des plumes. Hauteur 6 pieds 9 pouces, largeur 4 pieds 8 pouces. T.

Annibal Carrache.

5 L'Enlevement d'Europe. Ce Tableau, dont la composition est distinguée par six

figures , est encore riche par un fond de paysage très-agréable entrecoupé d'eaux. Hauteur 24 pouces , largeur 28 pouces. T.

DOMINIQUE FETI.

6 L'Empereur Commode vu jusqu'aux genoux , tenant d'une main la marque de sa dignité , & l'autre sur la garde de son épée. Il est couronné de laurier , & vêtu d'une draperie jaune. Ce Tableau est méritant par sa touche sçavante. Hauteur 4 pieds , largeur 3 pieds. T.

L'ALBANE, (d'après lui.)

7 Jésus-Christ couronné d'épines, & couvert d'un manteau écarlate. Il est accompagné de trois Anges qui expriment bien leur douleur. Hauteur 3 pieds, largeur 4 pieds 10 pouces. T.

BARTH. ET. MURILLO.

8 Une Esquisse terminée représentant Saint Jean dans le désert ; le paysage & la figure ne laissent rien à désirer pour la beauté de la touche. Hauteur 3 pieds 8 pouces , largeur 2 pieds 11 pouces. T.

A iij

Both d'Italie.

9 Un très-beau Paysage sur le devant duquel on voit un homme, monté sur un cheval blanc, à qui un autre semble parler. Différentes ruines & architectures composent le fond de ce tableau, embelli par un ciel d'un ton très-chaud. Hauteur 23 pouces, largeur 30 pouces. T.

D'après Le Guide.

10 Saint Pierre pleurant son péché. Cette Copie pleine de mérite est distinguée par l'expression de la figure & la belle couleur. Hauteur 27 pouces, largeur 22. T.

ÉCOLE HOLLANDOISE.

Louis Bakhysen.

11 Une Mer calme, on voit dans le fond plusieurs vaisseaux avec les voiles tendues ; & sur le devant, cinq figures retirant leur pêche de la barque. Ce Tableau est un des bons de ce Maître. Hauteur 2 pieds 9 pouces, largeur 3 pieds 3 pouces. T.

HEMSKERQUE.

12 Un joli Payſage avec ſept figures & pluſieurs animaux ; de beaux lointains & un
ciel clair forment l'horiſon de ce Tableau
bien conſervé. Hauteur 14 pouces, largeur
18. B.

PALAMEDE.

13 Un Homme & une Femme en converſa-
tion dans un appartement : on voit dans le
fond, un Joueur de vielle & un homme
qui s'amuſent. Hauteur 16 pouces, largeur
10. B.

CORN. BÉGA.

14 Intérieur d'une Chambre, où l'on voit
trois hommes qui fument ; une ſervante
leur apporte un pot avec une pipe : les
acceſſoires & la belle couleur de ce Tableau
le mettent au nombre des bons de ce
Maître. Hauteur 18 pouces, largeur 15.
T.

BARTH. BREEMBERG.

15 L'Adoration des Rois; compoſition très-

riche par le nombre des figures & par l'ordonnance de la belle architecture. Hauteur 39 pouces, largeur 29 pouces. T.

ANT. VAN DYCK.

16 Une Etude de deux Têtes d'un beau coloris. Hauteur 10 pouces 6 lignes, largeur 14 pouces 6 lig. B.

VANDEN EYKCOUTEN.

17 Un Paysage, dans lequel on voit plusieurs animaux, & sur différens plans. Ce bon Tableau est d'un effet piquant. Haut. 4 pouces, largeur 10 pouces. C.

V. WOELF WOULF.

18 Jupiter sous la figure d'une vieille femme tâchant de rendre amoureuse une jeune & belle fille, à laquelle la frayeur semble faire verser des larmes. Hauteur 13 pouc, largeur 10 pouces. B.

FERD. BOOL.

19 Un Homme de Loix ayant la tête découverte; il est vêtu d'une robe noire :

une grande fineſſe de pinceau & une grande
vérité d. couleur diſtinguent beaucoup ce
Tableau. Hauteur 27 pouces, largeur 22
pouces. T.

CORN. POELEMBURG.

20 La Vierge tenant l'Enfant Jeſus; un joli
Payſage bien éclairé ajoute encore à la
fineſſe de la touche de ce petit Tableau,
qui porte de hauteur 5 pouces 3 lignes,
ſur 4 pouces de larg. C.

ÉCOLE FRANÇOISE.

LE VALANTIN.

21 Pluſieurs Joueurs de Cartes occupés à
tromper un de leurs camarades par le ſe-
cours d'une glace. Hauteur 2 pieds 6
pouces, largeur 3 pieds 11 pouces. T.

EUST. LE SUEUR.

22 Tobie embraſſant ſon fils après ſa gué-
riſon, & en préſence de l'Ange qui l'avoit
accompagné: ſon épouſe eſt en action de

graces. Ce Tableau a été ajuſté en quarré ; mais il eſt très-bien conſervé. Hauteur 50 pouces, largeur 45. Toile.

PIERRE PATEL.

23 Un beau Payſage, dont le premier plan eſt orné de différentes architectures en ruine, auprès deſquelles pluſieurs Bergers font paître leurs troupeaux. De belles maſſes d'arbres coupent agréablement les plans. Hauteur 30 pouces, largeur 27. T.

24 Vénus venant demander à Vulcain des armes pour Enée : jolie compoſition de quatre figures correctement deſſinées. Le fond du Tableau eſt fermé par différens morceaux d'architecture. Hauteur 4 pieds 9 pouces, largeur 3 pieds 8 pouces. T.

SIMON VOUET.

25 Vénus ne voyant qu'avec chagrin le dé-part d'Adonis pour la chaſſe eſſaie, mais en vain, de le retenir. Un Amour careſſe un des chiens de ce Chaſſeur. La ſcene eſt dans une vaſte campagne. Hauteur 20 pouc. largeur 18 pouces. Toile.

LAUR. DE LA HIRE.

26 Une Marche de Bacchantes à l'occafion
d'une fête en l'honneur d'un Fleuve qui eft
fur le premier plan. Cette compofition,
où l'on remarque huit figures & plufieurs
animaux, quoique faite au premier coup,
eft d'une couleur admirable. Hauteur 18
pouces 6 lignes, largeur 3 pieds. B.

LOUIS BOULLOGNE.

27 Moyfe prêt à être expofé fur les eaux. La
deftinée de cet illuftre enfant attendrit ce-
lui qui le tient dans la corbeille, & il
femble la recommander au ciel. Sa mere
lui fait fes adieux, & eft accompagnée
d'une jeune perfonne dont la trifteffe eft
remarquable. Hauteur 38 pouces, largeur
52 pouces. T.

DETROYE fils.

28 Une jolie Femme vue jufqu'aux genoux ;
un peu de négligence dans l'arrangement
de fon linge tourne au profit du fpectateur,
qui peut voir une partie de fa gorge. De
l'architecture avec un rideau de taffetas vert

terminent ce Tableau. Hauteur 15 pouc. largeur 12. T.

GASPRE POUSSIN.

29 Une Fête en l'honneur d'une Divinité; elle eſt célébrée par pluſieurs figures dans un payſage agréable. Hauteur 13 pouces, largeur 8. Toile collée ſur bois.

PAR LE MÊME.

30 La Vierge préſentant l'Enfant Jéſus à deux Anges qui ſont en adoration. On remarque encore pluſieurs figures dans le payſage qui fait le principal ſite de ce Tableau. Haut. 26 pouces, largeur 33 pouces. T.

COYPEL.

31 Une jolie Femme repréſentée en Sultane avec une fraiſe au col. Son corſet & ſa jupe ſont de ſatin rayé blanc & jaune. Sa robe d'étoffe rouge eſt doublée de jaune. Ce Tableau, par le mérite du pinceau, eſt un des bons de ce Maître. Hauteur 34 pouces.

SÉBAST. BOURDON.

32 Saint Jean vêtu d'une peau de mouton, dans un payſage avec fabriques. Hauteur 28 pouces. largeur 23. T.

18. 2
Belloſ

DESPORTES.

33 Deux Chiens, dont un tient une per-drix, & l'autre une alouette: ils ſont dans un beau payſage, & peints avec cette vé-rité qui caractériſe ſinguliérement les ou-vrages de cet Artiſte. Hauteur 20 pouces, larg. 27 pouces.

24. 10
Biettanl

FR. BOUCHER.

34 Un Payſage, dans lequel on voit quatre figures, dont deux ſont à table à la porte d'un cabaret, un autre remplit ſa pipe, tandis que l'un d'eux parle à une ſervante qui apporte de la biere. Un jeune garçon fait boire ſa vache, auprès de laquelle eſt un mouton. La couleur de ce Tableau eſt celle que l'on préfere dans les ouvrages de ce Maître. Hauteur 22 pouces, largeur 27. T.

non Vendu

J. B. GREUZE.

35 Une belle Tête d'Etude. Hauteur 17 pouces, larg. 14. T.

HONORÉ FRAGONARD.

36 Deux Tableaux: dans l'un on voit une jeune fille à une croisée, qui s'entretient avec un jeune homme; la crainte d'être surprise répand sur sa figure un intérêt que l'on partage volontiers. L'autre représente une jeune fille, à qui la lecture d'une lettre qu'elle tient semble causer le plus vif chagrin. Hauteur 6 pouces, largeur 4 pouces. B.

DUBUCOURT.

37 Une jeune personne surprise par son Ami, dans le moment où elle s'occupoit de lui, en regardant son portrait. Hauteur 4 pouces, largeur 3 pouces. B.

N. TONNAY.

38 Deux Tableaux: l'un représente l'Air figuré par un homme qui tient un pigeon, & par un autre pigeon qui vole. L'autre

repréſente l'Eau, par un garçon qui tient une cruche penchée d'où ſort l'eau. Le fond eſt terminé par un ceintre de croiſée où ſe remarque un canard accroché. Haut. 3 pieds, largeur 4 pieds. T.

M I C A U L T.

39 Deux Tableaux de fleurs peints ſur émail d'après Van Huyſum. Ces deux morceaux font ſeuls l'éloge de cet Artiſte. Ils ſont de forme ovale, & de 5 pouces ſur 4.

40 Jupiter, derriere un voile d'étoffe cramoiſi, s'annonce à Danaé ſous la forme d'une pluie d'or. Un Amour ſouleve le rideau. Hauteur 13 pouces, largeur 10. B.

41 Pluſieurs Tableaux que le temps n'a pas permis de décrire, & qui ſeront détaillés.

M A R B R E S.

42 Une belle Copie de la Veſtale antique; elle eſt en buſte & de marbre blanc ſtatuaire, ſur un piedouche de bleu turquin.

43 Deux beaux Vases de granit vert , garnis de bronzes dorés d'or moulu.

PORCELAINES.

44 Un très-beau Vase de porcelaine céladon de la Chine , & garni de bronzes dorés d'or moulu.

45 Plusieurs bons Dessins sous verre.

46 Plusieurs Estampes sous verre, dont la Lecture & la Conversation Espagnoles.

47 Différens Effets curieux qui seront divisés.

Lu & approuvé ce 1er. Juillet 1783.

COCHIN.

De l'Imprimerie de PRAULT, Imprimeur du Roi, Quai des Augustins.